HANS SARPEI

DAS *L* STEHT FÜR GEF☠HR

HANS SARPEI

DAS ☠L☠ STEHT FÜR GEF☠HR

riva

Bibliografische Information der Deutschen Nationalbibliothek:
Die Deutsche Nationalbibliothek verzeichnet diese Publikation in der
Deutschen Nationalbibliografie; detaillierte bibliografische Daten sind im
Internet über http://d-nb.de abrufbar.

Für Fragen und Anregungen:
hanssarpei@rivaverlag.de

1. Auflage 2012

© 2012 by riva Verlag, ein Imprint der Münchner Verlagsgruppe GmbH,
Nymphenburger Straße 86
D-80636 München
Tel.: 089 651285-0
Fax: 089 652096

Manuskriptbearbeitung: Axel Fröhlich
Umschlaggestaltung: Pamela Günther
Umschlagabbildung: iStockphoto und privat
Satz: Georg Stadler
Druck: GGP Media GmbH, Pößneck
Printed in Germany

ISBN Print 978-3-86883-266-2
ISBN E-Book (PDF) 978-3-86413-262-9

—— Weitere Informationen zum Verlag finden Sie unter ——

www.rivaverlag.de
Beachten Sie auch unsere weiteren Verlage unter:
www.muenchner-verlagsgruppe.de

Inhaltsverzeichnis

Ein Vorwort

Hans Sarpei ist mehr als ein schlagfertiger Blogger und Twitterer.

Und mehr als ein smarter Plauderer, Liebhaber, Tänzer, Womenizer, Trainerflüsterer, Schöngeist, Model, Meinungsmacher, Spickzettelschreiber für Elfmeter, mehr als eine Sexbombe, eine Ikone, der Rottweiler von Chorweiler, Anlagenmechaniker, Wirtschaftsweiser und Kultfigur.

Er ist nämlich auch Bestäuber der Bachblüten, Bote aller Weisheit, Sonne der Menschlichkeit, Glutofen der Leidenschaft, Messlatte des Morgenlandes, Express des Orientes, James Bond 007 bis 009, Mitarbeiter des Monats und aller Folgemonate, King of Pop, Rock und Rap, King of Karaoke und King of Queens, iDude Pro, der Mercedes unter den Einparkern, der Maybach unter den Mercedes, stärkster Mann der Welt, stärkste Frau der Welt und der Ritter der Armen und Beine.

Und er ist noch mehr als das: *Hans Sarpei ist Fußballer.*

Und zwar nicht nur der, der Bälle umkippen kann, doch dazu später mehr. Was er ist, hat er seinem Ausnahmetalent und der Extraportion Leidenschaft zu verdanken.

Hans Adu Sarpei hat die Herzen seiner Fans von Schalke 04 erobert und die der gesamten Fußballwelt. Weit über die Grenzen Deutschlands und Ghanas hinaus. Woran mag es sonst liegen, dass Lionel Messi im Trikot von Hans Sarpei schläft? Oder die vielen Millionen Kinder von Fans, die zukünftig auf der ganzen Welt, von Tokio bis Wolfsburg, auf die wunderschönen Namen Hans, Adu und Du-Baumjohann hören werden?

Ein Interview

A: *Wer kam eigentlich auf diesen Supi-Spruch mit dem »L«? Du?*

Hans: Ne, das kam von den Fans.

A: *Stell dir vor, du könntest eine ideale Welt schaffen. Was wären die ersten Dinge, die du ändern würdest?*
H: Zuerst gäbe es keinen Krieg mehr. Hunger würde ich auch abschaffen und Krankheiten. Und natürlich Felix Magath.

A: *Hast du einen Lieblingswitz?*
H: Ja. Immer noch den: »Du sollst nach Wolfsburg.«

A: *Ein echtes Highlight in der Welt der Witze. Was war der schönste Moment in deinem Fußballer-Leben?*
H: Da gab es viele: das Wunder von Mailand. Das Pokalfinale gegen Duisburg. Die vielen wahnsinnig netten Fans, die mich anfeuern. Der Wahnsinn war natürlich das Spiel in der WM mit Ghana gegen Deutschland in der Gruppenphase. Das war ein echtes Highlight. Gut, das Ergebnis ist nicht so gut ausgegangen.

A: *Für Ghana.*
H: Genau.

A: *Was war dein schönster Moment außerhalb der Fußballwelt?*
H: Schwierige Antwort. Wenn ich Kinder hätte, wäre
die Antwort ganz einfach gewesen. Hab ich aber noch
keine. Dann vielleicht doch diese beiden schwedischen
Zwillinge mit extremen Fankurven …

A: *Äh. Ja. Was sind deine Hobbys? Oder hast du keine
Zeit für Hobbys?*
Bei dem vielen Training, da kannst du eher keine andere Sportart betreiben. Da kommt dann auch noch in Sa-
chen Facebook und Social Media einiges dazu – schon
hast du deine Hobbys. Was natürlich immer schön ist:
mit Freunden, im engen Kreis, essen gehen oder ins Ki-
no.

A: *Was würdest du auf eine einsame Insel mitnehmen?*
H: Ich würde schon mal gar nicht auf eine einsame In-
sel gehen. Würde mir ja der Fußball fehlen. Und Social
Media.

A: *Hast du einen Fimmel? Schwächen? Zum Beispiel Nägelkauen?*

H: Erwischt! Nägelkauen. Manchmal hol ich mir ein, zwei Tüten im Baumarkt. Wenn man da einmal mit anfängt, kann man ja mit Knabbern nicht mehr aufhören.

A: *Was sind die größten Sorgen eines Hans Sarpei?*
H: Wie schon gesagt: der Klimawandel. Krieg. Und dass ich wieder mit Chinedu Obasi verwechselt werde.

A: *Einem sehr guten Freund deines Vaters hast du deinen Vornamen zu verdanken. Wenn du Vater werden würdest – wie wäre der Vorname äh … im Falle eines Sohnes?*
H: Chuck Junior?

A: *Welche andere Sportart außer Fußball interessiert dich oder könnte dich interessieren: eher Kampfsport oder Golf?*
H: Tiger Chuck? Aber im Ernst. Bevor ich Profi wurde, hab ich mich sehr für Tennis und Basketball interessiert. Das war die Zeit mit Michael Jordan. Und Tennis war in Deutschland Boris Becker. Das waren Sportarten, auf die man hingefiebert und sich auch ein Stück weit angesehen hat.

A: *Ein Jahr lang um die Welt reisen, hast du gesagt, wäre für dich eine gute Option, nach dem Ende deiner aktiven Profi-Zeit. Was wäre dein erstes Ziel – außer Ghana?*
H: Brasilien.

A: Warum?
H: Na ja. Ich war noch nie in Südamerika. Und ich hab in Brasilien Freunde. Das Flair zieht mich dorthin. Das würde ich gerne sehen und selbst erleben.

A: Hans, vielen Dank für das Gespräch!

Axel Fröhlich

Das Beste aus 1000 Fanseiten

Hans up in the Air: Schalke-Fans haben Hans lieb. Richtig lieb. Hunderttausende von Sprüchen haben sie ihm angedeihen lassen. Die Fans selbst hätten längst den Überblick verloren. Zum Glück kennt Hans sie alle. Hier sind zumindest schon mal:

Die Lieblings-Fanseiten, die Hans Sarpei vor Rührung zum Weinen bringen

⚽ Hans Sarpei schneidet das Messer mit dem Brot.

⚽ Hans Sarpei kann seinen eigenen Elfmeter halten.

⚽ Hans Sarpei darf während der Fahrt mit dem Busfahrer reden.

⚽ Wie viele Liegestütze schafft Hans Sarpei?
Richtig: Alle.

⚽ Hans Sarpei ist nicht einfach nur ein Name, Hans Sarpei ist eine Lebenseinstellung.

- Hans Sarpei kauft Obst bei Apple und Fenster bei Windows.

- Hans Sarpei aktiviert Abwehrkräfte.

- Hans Sarpei kann Liegestütze ohne Hände.

- Sido hat gefragt, wer Hans Sarpei ist. Seitdem trägt er eine Maske.

- Hans Sarpei fährt immer schwarz.

- Hans Sarpei bringt Zwiebeln zum Weinen.

- Machst du Hans Sarpei an, macht Hans Sarpei dich aus.

- Hans Sarpei bekommt bei McDonald's einen Whopper.

- Hans Sarpei kann ein Oli-P.-Album komplett durchhören.

- Die Alles-Hans-Arena.

- Hans Sarpei denkt dreideutig.

Die 50 erfolgreichsten Facebook-Fanpage-Namen

Der Vorteil von Facebook: Jeder kann posten, der Lust und einen Account hat. Der Nachteil von Facebook: Jeder kann posten, der Lust und einen Account hat. Über 1000 Fans haben Facebook-Accounts eingerichtet, nur, um Hans Sarpei zu ehren. Das ist wirklich ein Mordskompliment an Hans, über das er sich täglich, in jedem Augenblick seines Lebens, beim Essen, Kicken, Schlafen, sogar beim Sex, wahnsinnig freut (Multitasking – macht Hans mit links). Die Arbeit vieler bienenfleißiger Seiten-Ersteller liegt ihm also am Herzen – bei vielen hat er persönlich zurückgepostet, bei manchen sich nur umgeguckt, was man bekanntlich nicht mitbekommt. Aufgepasst, denn: Nur Hans Sarpei kann sehen, wer auf seiner eigenen Facebook-Seite war.

☛ Hans Sarpei gefällt das.

☛ Beziehungsstatus: Hans Sarpei.

☛ Hans Sarpei kennt die Krabbenburgerformel.

☞ Hans Sarpei findet, du bist voll der Baumjohann.

☞ Zuerst erschuf Hans Sarpei Gott.

☞ Hans Sarpei gefällt das nicht.

☞ Hans Sarpei zeichnet überstumpfwinklige Dreiecke.

☞ Hans Sarpei holt 4 Punke in einem Spiel.

☞ Hans Sarpei eskaliert.

☞ Hans Sarpei bekommt 20 Prozent auf Tiernahrung.

☞ Hans Sarpei und ich gratulieren zum Geburtstag.

☞ Hans Sarpei kann Döner dünner schneiden als der Gerät.

☞ Soll Hans Sarpei jetzt lachen?

☞ K11 Hans Sarpei im Einsatz.

☞ Du denkst auch, du wärst Hans Sarpei.

☞ Hans Sarpei dreht den Swag auf.

☞ Was Hans Sarpei nicht weiß, macht ihn auch nicht weiß.

☞ Hans Sarpei sagt herzlichen Glückwunsch.

☞ Oha, wenn das Hans Sarpei wüsste.

☞ Hans Sarpei kann Bierflaschen mit seiner Vorhaut öffnen.

☞ Wer Hans Sarpei eine Grube gräbt, fällt selbst hinein.

☞ Hans Sarpei studiert Jura.

☞ Hans Sarpei allein zu Haus'.

☞ The Hans Sarpei Theory.

☞ Richter Hans Sarpei.

☞ Religion: Hans Sarpei.

☞ Hans Sarpei allmächtig.

☞ Hans Sarpei Bubbert.

☞ Hans Sarpei, kann des sein?

☞ Übung macht den Hans Sarpei.

☞ Hans Sarpei mag Leberwurst.

☞ Hans Sarpei, das Auto.

☞ Hans, der Sarpei gilt.

☞ Ich warne dich, ich hol Hans Sarpei.

☛ Ich schwör auf Hans Sarpei.

☛ Der letzte Hans Sarpei.

☛ Hans Sarpei sagt Danke.

☛ Alarm für Hans Sarpei.

☛ Hans Sarpei sagt Ja.

☛ Hans Sarpei mag dich.

☛ Hans Sarpei, eine Perle der Natur.

☛ Wenn ich du wäre, wäre ich lieber Hans Sarpei.

☛ Hans Sarpei stoppt den Schmerz und beschleunigt die Heilung.

☛ Die Party ist vorbei, wenn Hans Sarpei seine Hose wiedergefunden hat.

☛ Two and a half Sarpei.

☛ Hans Sarpei sammelt Yu-Gi-Oh-Karten.

☛ Hans Sarpei würzt seine Suppe mit Pfefferspray.

☛ Hans Sarpei verschuldet keine Gegentore. Er mag nur die gegnerische Tormusik.

☞Almighurt von Ehrmann. Hans Sarpei macht mich mehr an.

☞Wenn der Hulk wütend wird, wird er zum Hans Sarpei.

Die 100 lustigsten Hans-Sarpei-Sprüche

(Viele, aber nicht alle, mit Kommentaren
von und mit dem »wilden Hans«)

Hans Sarpei kauft bei Apple Birnen.

Hans: »Eigentlich muss es heißen: Apple kauft bei
Hans Sarpei Birnen.«

Hans Sarpei trinkt aus dem Wasserhahn auf Ex.

Hans: »Allerdings trinkt meine
Ex jetzt aus dem Wasserhahn.«

Hans Sarpei ist mehr Playboy als Hugh Hefner.

Hans: »Hm. Sind das, rein technisch gesehen, nicht alle Jungs unter, sagen wir, 60?«

In jedem Hans steckt auch ein Sarpei.

Hans: »Sorry, aber: Nein!!!«

Hans Sarpei hat mehr Kreditkarten als Max Mustermann.

Hans: »Nö, wozu? Aber für mich wurde die ›Black AmEx‹ erfunden.«

Hans Sarpei bleibt auf dem Teppich. Aber sein Teppich kann fliegen.

Hans: »Das kann ja wohl jeder. Oder habt ihr schon mal eine Boeing mit Laminatboden gesehen?«

Selbst Hans Sarpei kann Magath nicht mehr helfen.

Hans: »Yepp. Nur Magath kann Magath helfen.«

Hans Sarpei kann mit einem Ballkontakt zwei Pässe spielen.

Hans: »Grundsätzlich geht das ja: wenn du einen Abpraller schaffst …«

Hans Sarpei kann Schiedsrichter vom Platz stellen.

Hans: »… und sein Auto abschleppen lassen!«

Uli Hoeneß hat Angst vor Hans Sarpei.

Hans: »Ja, der natürlich auch.«

**Hans Sarpei hat sein Abi
mit 0,0 bestanden.**

Hans: »Und meinen Führerschein auch. Mit 0,0 Promille.«

Abseits ist, wenn Hans Sarpei pfeift.

Hans Sarpei kann Frauen die Abseitsfalle stellen.

Hans Sarpei kann Drehtüren zuschlagen.

Hans: »... und eintreten auch!«

Hans Sarpei ist schon vor dem Spiel der Spieler des Tages.

Chuck Norris schläft in einem Hans-Sarpei-Schlafanzug.

Hans: »Ach, der hat den? Ich dachte, der wäre in der Wäsche.«

Wie viele Liegestütze schafft Hans Sarpei? Richtig: Alle.

Hans Sarpei hat schon zweimal bis unendlich gezählt.

Hans: »Viel besser als: Hans Sarpei
hat unendlich bis zwei gezählt.«

Sei froh, dass Hans Sarpei außerhalb von Hogwarts nicht zaubern darf.

Hans: »Stimmt ja gar nicht. Das muss ich dementoren.«

How I met Hans Sarpei.

How Hans Sarpei met your mother.

Hans: »Der Brohans-Code fehlt noch!«

Du denkst auch, du wärst Hans Sarpei.

Hans Sarpei hat Style und das Geld.

Hans: »Klares Jein …«

Hans Sarpei verleiht Flügel.

Hans: »… und Klaviere!«

CSI: Hans Sarpei.

Reden ist Hans, Schweigen ist Sarpei.

Wer hat's erfunden? Hans Sarpei.

Haribo macht Kinder froh und
Hans Sarpei ebenso.

Hans: »Muss das nicht heißen: »Hans Sarpei
macht Haribo froh …?«

Ohne meinen Hans Sarpei sage ich nichts.

Waschmaschinen leben länger
mit Hans Sarpei.

Abrakadabra, Hans Sarpei ist dein Vater.

Hans: »Ene mene miste, es rappelt in der Kiste.«

Hans Sarpei geht schneller,
als Usain Bolt rennt.

Wer »Hans« sagt,
muss auch »Sarpei« sagen.

Hans: »Und wer ›Anis‹ sagt …«

Cristiano Ronaldo fragt Hans, welche Tricks er von ihm kopieren darf.

Chuck Norris guckt nach, ob Hans Sarpei unter seinem Bett liegt.

**Wenn du glaubst, es geht nicht mehr,
kommt von irgendwo ein Hans Sarpei daher.**

Hans Sarpei ist King.

Hans: »… und Currywurst.«

Wenn das Hans Sarpei nicht gefällt,
wem dann?

Hans Sarpei hat mehr Macht
als Barack Obama.

Ailton gefällt das,

weil Hans Sarpei das gefällt.

Hans: »Dem Ailton gefällt seit dem Dschungelcamp ganz was anderes als mir …«

Hans Sarpei hat eben angerufen

und gesagt, es sei ihm egal.

Hi, mein Name ist Hans Sarpei und Windows 7 war meine Idee.

Hans Sarpei allmächtig.

Übung macht den Hans Sarpei.

Hans: »Gähn.«

Hans Sarpei repariert, Hans Sarpei tauscht aus.

Deutschland im Hans-Sarpei-Wahn.

Hans: »Hach nö, irgendwie erinnert mich das an BSE.«

Hans Sarpei hat drei Eltern.

Hans Sarpei wird Meister — auch wenn er kein Spiel gewinnt.

Dalli Dalli — Sie sind der Meinung, das war Hans Sarpei!

Gefällt mir, weil's Hans Sarpei gefällt.

Hans: »Wie blöd.«

Hans Sarpei — quadratisch, praktisch, gut.

Da wird der Hans Sarpei
in der Pfanne verrückt.

Herzlichen Glückwunsch!
Du hast ein Hans Sarpei gefangen.

Sagt »Nein!« zu Atomkraft!
Sagt »Ja!« zu Hans Sarpei!

Hans: »Yepp!«

Hans Sarpei rettet 2012 die Erde.

1, 2, 3, Hans Sarpei kommt vorbei.

Hans Sarpei ist auf dem Cover von FIFA 13.

Hans Sarpei trinkt sein Bier vor vier.

Hans: »Weder vor noch nach vier trink ich Bier.«

Wenn du kein' Hans Sarpei hast,

hast Du kein' Hans Sarpei.

Der frühe Hans Sarpei fängt den Wurm.

Hans: »… und hat Gold im Mund. Leider.«

Wenn ich groß bin, werde ich Hans Sarpei.

Einem geschenkten Hans Sarpei schaut man nicht ins Maul.

Hans: »Unverschämtheit! Wer soll mich denn verschenken?«

Von Hans Sarpei werde ich noch meinen Enkeln erzählen.

Mach Licht an,

ich kann Hans Sarpei nicht sehen.

Hans: »Soll ich jetzt lachen? Oder genügt lächeln?«

Hans Sarpei isst sein

Knoppers schon um neun.

Hans Sarpei hat mehr Seiten als Bundesligaminuten.

Hans: »Ja, ich bin eben ein vielseitiger Mensch.«

Hans Sarpei hat bei FIFA alle Werte 99.

Hans Sarpei nimmt drei »Nimm 2«.

Aha. Und ich chill grad mit Hans Sarpei.

Hans: »Soso. Das wüsste ich aber.«

Hans Sarpei sagt:

»Leider nein, leider gar nicht.«

Schwör auf Hans Sarpeis peruanisches

Zwergalpaka.

Hans: »Hä?«

Call of Hans: Modern Sarpei 2.

Hans oder Sarpei — das ist hier die Frage.

Hans: »Der Rest ist Schweigen.«

Hans Sarpei darf »Tillman's Toasty« als Schnitzel bezeichnen.

In der Tat, Hans Sarpei hilft, die Wachstumsphase der Haare zu verlängern.

Germanys next Hans Sarpei.

Hans: »Ich bin doch nicht euer Klummerkasten.«

Cooler, cooler Hans Sarpei.

Hans Sarpei hat heute leider
kein Foto für dich.

Hans — die zarteste Versuchung, seit es
Schokolade gibt.

Hans: »Hä? Bin ich lila oder was?«

Was du heute kannst besorgen, das besorgt Hans Sarpei morgen.

Hans: »Pfff ...«

Hans Sarpei hat den Niagara-Fall ausgelöst und die Formel 1 ausgerechnet.

The Lord of the Hans —
die Rückkehr des Sarpei.

Wer den Hans nicht ehrt,
ist den Sarpei nicht wert.

**Du sollst den Hans
nicht vor dem Sarpei loben.**

Hans: »… und wieder 5 Euro ins Hans-Phrasen-Schwein.«

**Legenden leben ewig.
Hans Sarpei lebt länger.**

Hans Sarpei kam, sah und siegte.

Hans: »Veni, vidi, Hansi.«

Hans Sarpei kommt bei Doodle Jump

ans Ziel.

Jesus kann über Wasser laufen, Hans Sarpei auf Land schwimmen.

Hans Sarpei sagt, dass das Gras schneller wächst, wenn man daran zieht.

Hans: »Zieh mal an meinem Finger.«

Seit Hans Sarpei schwimmen kann, ist Arielle nur noch die Meerfrau.

Hans: »Der ist wirklich gut«

Pass auf, sonst macht Hans Sarpei ein Häufchen in deinen Garten.

Hans: »Ein Hans Sarpei macht doch keine Häufchen …«

Wer andern einen Hans Sarpei brät,
braucht ein Hans-Sarpei-Bratgerät.

Hans: »Wie: Brät?«

Hans Sarpei, können wir das schaffen? —
Jo, wir schaffen das.

Hans Sarpei — wenn's gut werden muss.

Ich glaub, mein Hans Sarpei pfeift.

Hans: »Also bitte! Selber!«

Hans Sarpei kann im Sitzen stehen.

Hans Sarpei sagt, du bist ein Lappen.

*Hans: »Nein, das sagt Hans nicht.
Außer, du bist wirklich ein Lappen.«*

Hans Sarpei weiß, wo dein Auto steht.

Hans: »... und das vom Schiri seiner Frau. Hehe.«

**Hans Sarpei muss nur noch
kurz die Welt retten.**

Hans Sarpei läuft bei Super Mario
nach links.

Hans Sarpei kann bei GTA
die Polizei verhaften.

Hans: »Wieso nur bei GTA?!«

Hans Sarpei fährt im Hühnerstall Motorrad.

*Hans: »Bei den Sarpeis ist das mütterlicherseits
eine alte Familientradition.«*

**Hans Sarpei fängt den goldenen Schnatz
ohne Besen.**

Hans Sarpei kann schneller stehen, als du laufen kannst.

Hans: » Pfff. Und zwar im Sitzen.«

... and the Hans Sarpei goes to ...

**Nur Hans Sarpei hat den ganzen »Apple«
auf seinem iPhone.**

*Hans: »… und kann bei deinem Apple noch ein
Stück abbeißen.«*

**Hans Sarpei malt ein Viereck
mit drei Strichen.**

Hans Sarpei über
Hans Sarpei

- Hans Sarpei kann alleine synchronschwimmen.

- Nur Hans Sarpei kann mit der Kö Billard spielen.

- Hans Sarpei kann sich weiß ärgern.

- Hans Sarpei stalkt sich selbst.

- Spinnen laufen vor Hans Sarpei kreischend davon.

- Hans Sarpei ging als Kind dem Nikolaus auf den Sack.

- Hans Sarpei ist im richtigen Körper geboren.

- Nur Hans Sarpei kann alle Möbel zusammenklappen.

- Hans Sarpei kann Schmutzwäsche aufhängen.

- Hans Sarpei kann sein Waffeleis mit dem Löffel essen.

☛Mit Hans Sarpei kann man Pferde kaufen.

☛Nur Hans Sarpei muss den Aufstand nicht proben.

☛Hans Sarpei entführt Aliens und hat mit ihnen Sex.

☛Hans Sarpei kann aus Tatar Schnitzel machen.

☛Hans Sarpei drückt anderen auch mal ein Auge zu.

☛Hans Sarpei findet im Duden Rechtschreibfehler.

☛Hans Sarpei lässt bei einer Sekte die Korken knallen.

☛Hans Sarpei trägt Möbelpacker.

☛Irre! Hans Sarpei behandelt die Richtigen.

☛Hans Sarpei ist dann mal da.

☛Was Hänschen nicht lernt, lernt Hans Sarpei.

☛Nur Hans Sarpei hält Verstopfungen ohne Scheiß
aus.

☛Nur Hans Sarpei kann Schaffner auf die schiefe
Bahn bringen.

☛Nur Hans Sarpei kann einen Computer mit der Axt
hacken.

☞ Hans Sarpei isst frisches Gemüse aus Konserven.

☞ Hans Sarpei lässt sich Botox absaugen.

☞ Hans Sarpei kann Tauben auf die Schulter scheißen.

☞ Hans Sarpei kann dem Auge eines Tornados ein Veilchen verpassen.

☞ Hans Sarpei setzt sich neben schlafende Mücken und summt ihnen ins Ohr.

☞ Hans Sarpei bekommt bei Gänsebraten Gänsehaut.

☞ Hans Sarpei schaut sich bei Pornos nur Ausschnitte an.

☞ Die weißen Tauben sind Hans Sarpei.

☞ Hans Sarpei kann durch die Hose atmen.

☞ Hans Sarpei wurde von 9Live angerufen.

☞ Hans Sarpei erwägt eine Penisverkleinerung.

☞ Hans Sarpei wirft Bohlen aus dem Recall.

☞ Hans Sarpei holt sich seinen Bienenstich beim Imker.

☞ Nur bei Hans Sarpei wischen Nacktputzerinnen feucht durch.

☛ Hans Sarpei würgt mit bloßen Händen einen Motor ab.

☛ Hans Sarpei schreibt Malbücher.

☛ Hans Sarpei kann Kettenbriefe zerreißen.

☛ Hans Sarpei schwimmt im Atomkraftwerk gegen den Strom.

☛ Hans Sarpei kümmert sich rührend um Suppen.

☛ Hans Sarpei relativiert Einsteins Theorien.

☛ Hans Sarpei buht Gespenster aus.

☛ Hans Sarpei macht Druck mit Papierstau.

☛ Wenn man Hans Sarpei rückwärts spricht, kann man iepraS snaH hören.

☛ Das Einzige, was Hans Sarpei über den Kopf wächst, sind Haare.

☛ Bei Hans Sarpei liegt die Black Pearl vor Anke.

☛ Hans Sarpei bringt bei Scrabble dreifach Punkte.

☛ Hans Sarpei heilt Quietscheenten mit Badeöl.

☛ Hans Sarpei züchtet Zitronenhühnchen und Brustputen.

☛Hans Sarpei hält die Patente für das Rad und den tiefen Teller.

☛Hans Sarpei kocht nicht nur mit Wasser.

☛Hans Sarpei benutzt für Mikado ein extra Fisch-Stäbchen.

☛Hans Sarpei hat eine Flatrate im Bordell und kann kommen, wann er will.

☛Russische Weltraumstation? Hans Sarpei sagt: Gefällt MIR.

☛Hans Sarpei trinkt Cacau unter den Tisch.

☛Hans Sarpei lässt Schlangenmenschen den Vortritt.

☛Hans Sarpei gründet Schalke 4.0.

☛Hans Sarpei bezieht Hartz VI.

☛Hans Sarpei spendiert bei Kindergeburtstagen eine Reise nach Jerusalem.

☛Hans Sarpei testet Rachs Restaurant.

☛Hans Sarpei kann Zöllner abtasten.

☛Hans Sarpei kann Schwertwale schlucken.

☞ Hans Sarpei kann Paul Breitner kämmen.

☞ Hans Sarpei hat die Kreuzfahrt für Pilger erfunden.

☞ Hans Sarpei kann beim Geigen pfeifen.

☞ Hans Sarpei macht als Henker Kopfzerbrechen.

☞ Hans Sarpei kann Brötchen mit einem Fluch belegen.

☞ Hans Sarpei kann alleine Rundlauf spielen.

☞ Der Weiße Hai guckt Hans Sarpei.

☞ Frauen lieben Hans Sarpei in the City.

☞ Hans Sarpei trägt Sherpas durch die Anden.

☞ Hans Sarpei pfählt Vampire mit Bananen.

☞ hsabc: das Alphabet richtet sich nach Hans Sarpei.

☞ Der Weihnachtsmann glaubt an Hans Sarpei.

☞ Hans Sarpei erkennt Liliputaner an Kleinigkeiten.

☞ Bei Hans Sarpei wird Hopfen und Malz gefunden.

☞ Hans Sarpei weiß, was du letzten Sommer getan hast.

☞ Nur Hans Sarpei kann bei seiner Freundin kommen und gehen.

☞ Hans Sarpei kann über seinen Kurschatten springen.

☞ Hans Sarpei hat seinen Schweinehund abgerichtet.

☞ Hans Sarpeis Wollmilchsäue legen goldene Eier.

☞ Hans Sarpei geht zum Lachen in den Partykeller.

☞ Hans Sarpei isst Kugelfischbrötchen.

☞ Hans Sarpei klappt den Klodeckel auf.

☞ Hans Sarpei trägt Unterhosen mit Rechts-Links-Eingriff.

☞ Hans Sarpei zeigt Kannibalen die kalte Schulter.

☞ Hans Sarpei schickt Kannibalen nach Mettmann.

☞ Hans Sarpei stellt Legolas ein Elfenbein.

☞ Sissi! Hansi!

☞ Hans Sarpei wärmt Anoraks.

☞ Hans Sarpei kann künstlerisch befruchten.

☞ Hans Sarpei kann Falltüren eintreten.

☛Hans Sarpei tanzt Lord Voldemort auf der Nase herum.

☛Hans Sarpei kann den Lurch im Hängen würgen.

☛Hans Sarpei fragt Frankenstein nach einem zusammengesetzten Hauptwort.

☛Paparazzis von Hans Sarpei machen lieber Selbstporträts.

☛Hans Sarpei beißt sich durch Transsylvanien.

☛Hans Sarpei kann mit der Messerseite schneiden, auf der »Rostfrei« steht.

☛Hans Sarpei drückt Folterknechten feste die Daumen.

☛Hans Sarpei kann Nudeln durch Töpfe sieben.

☛Hans Sarpei macht den *All*tag der Astronauten ein wenig bunter.

☛Hans Sarpei findet die Penisse von Pornodarstellern ein bisschen klein.

☛Nur Hans Sarpei spricht Französisch, aber kennt kein Pardon.

- Hans Sarpei findet Pornos in der untersten Schublade.

- Hans Sarpei kauft Maßanzüge von der Stange.

- Hans Sarpei benutzt beim Sex Decknamen.

- Nur Hans Sarpei kennt Günter und Nebukad Netzer.

- Hans Sarpei macht Auswärtsspiele zur Tor-Tour.

- Als Tierschützer lässt Hans Sarpei jeden Tag die Sau raus.

- Hans Sarpei findet Marcel Reif für die Pensionierung.

- Hans Sarpei kann unbemerkt aus einem X ein U machen.

- Nüsse sind auf Hans Sarpei allergisch.

- Hans Sarpei kann die Ellor rückwärts.

- Hans Sarpei kann Zahnärzten die Angst vor ihm nehmen.

- Hans Sarpei kann Elefanten zur Schnecke machen.

☛Hans Sarpei legt Eier in Kuckucksnester.

☛Hans Sarpei kann blinde Passagiere heilen.

☛Hans Sarpei therapiert Hunde in der Pfanne.

☛Hans Sarpei kann Chuck Norris ohne ein einziges Wort auf den Schlips treten.

☛Bei Hans Sarpei sind Handwerker pünktlich.

☛Hans Sarpei erlebt beim Jo-Jo-Spielen einen Diäteffekt.

☛Hans Sarpei bildet bei Strafstößen die Chinesische Mauer.

☛Hans Sarpei bringt seine Ex zur Frauenklappe.

☛Hans Sarpei kann Schiedsrichterassistenten auf eine Linie bringen.

☛Hans Sarpei kann Schweinsteiger zur Sau machen.

☛Hans Sarpei begrüßt Nerds mit 0100011100010101.

☛Hans Sarpei findet, Zeit schinden ist nur was für Uhrensöhne.

☛Hans Sarpei meutert bei Käpt'n Iglo.

☞ Nur Hans Sarpei bekommt Wintersprossen.

☞ Gretel Sarpei macht vor Hexen Faxen.

☞ Wenn ihm vor lauter Regeln schlecht wird, bricht Hans Sarpei alle Tabus.

☞ Hans Sarpei bricht Lanzen für Speerwerfer.

☞ Hans Sarpei zieht den Bayern die Lederhosen mit Blicken aus.

☞ Hans Sarpei ist süchtig nach Askese.

☞ Hans Sarpei kann durch null teilen.

☞ Hans Sarpei behält bei einer Wurzelbehandlung die Nerven.

☞ Hans Sarpei hat Spaß mit einer Mathematikerin und drei Unbekannten.

☞ Hans Sarpei kann Schimmel mit Möhren bekämpfen.

☞ Hans Sarpei spendet für Blutegel.

☞ Der Papst bittet Hans Sarpei um eine Audienz.

☞ Panini sammelt Bilder von Hans Sarpei.

☞ Hans Sarpei hat ein eigenes Sammelalbum von Panini.

☞ Hans Sarpei kann SMS mit 150 Zeichen schreiben.

☞ Hans Sarpei hat Wünsche bei der Zahnfee frei.

☞ Hans Sarpei epiliert Hobbits aus Spaß.

☞ Hns Srp braucht keine Vokale.

☞ Hans Sarpei ist Einhornjockey.

☞ Togo: Hans Sarpei nimmt Teile Afrikas mit.

☞ Hans Sarpei löst Hustenanfälle mit bronchialer Gewalt.

☞ Hans Sarpei findet das »H« in der Buchstabensuppe.

☞ Hans Sarpei grillt mit einem Batzen Kohle.

☞ Hans Sarpei macht auf dem Mond den Erdwalk.

☞ Bei Hans Sarpei heißt Raider wieder Twix.

☞ Hans Sarpei schläft nicht. Er stalkt Schäfchen.

☞ Wenn Hans Sarpei heute seinen Teller nicht aufisst, ist ab morgen Eiszeit.

Original Fanzitate mit Namen: Bist du dabei?

Basti Gomez

Hans Sarpei weiß, wann die Elbphilharmonie fertiggestellt ist und wie viel sie kostet.

Maximilian Filipp

Wer sich braun wie ein Hans Sarpei brät, war zu lang in der Gerät!!

Udo Clever

Hans Sarpei hat das Gegenteil von Paraskavedekatriaphobie.

Komm Mal Klar, Alter.

Wenn Hans Sarpei wirklich so stark ist, soll er doch kommen und meinen Kopf auf die Tastasohfosifhsoidfbvidvbykxjdbvy ...

Maximilian Klemz

Ein Hans Sarpei ohne Witz ist ein Barney Stinson ohne Anzug ...

Dominic Beutel

Kommt Hans Sarpei mit einem Papagei auf der Schulter in ein Geschäft. Fragt der Verkäufer: »Wo haben Sie den denn her?« Sagt der Papagei: »Aus Ghana!«

Fabian Herbusch

753. Hans Sarpei schlüpft aus dem Ei.

Anwort von Hans

»333 mit Papadopolous Keilerei . . .«

Elias Zoll

Wie hört es sich an, wenn Hans Sarpei angeln geht?

»Du, du und du. Rauskommen!«

Kevin Kassel

Hans Sarpei repariert den Aufzug bei *Big Bang Theory*.

Heiko Hausmann

Hans Sarpei kann per Dropkick Volleytore erzielen!

Asad Ja

Das Auto von Hans Sarpei braucht kein Benzin, es fährt aus Respekt.

Gs Martin

Hans Sarpei strickt aus Glaswolle Fenster.

Felix Schmidt

Hans Sarpei kennt Victoria's Secret!

Marcel Dasold

Als das Handy erfunden wurde, gab es bereits drei Anrufe in Abwesenheit von Hans Sarpei!

Dirk Dreizehn

Hans Sarpei gebar sich selbst und gab der Hebamme einen Klaps auf den Po.

Claude Breda

Hans Sarpei hat das WWW ganz durchgelesen ... zwei Mal!

Keyan Lohse

Hans Sarpei hat Mark Zuckerberg bei Facebook gelöscht!

Rolf Meyer

… trifft ein Scheunentor
aus drei Metern Entfernung …

… angelt in der Wüste …

… würde Whiskas kaufen …

... ist ein katholischer Playboy ...

...ist in Deinem Land leider
nicht verfügbar ...

... treibt Schulden bei Inkassobüros ein ...

Rolf Meyer

... bietet freien Eintritt nur für 90–Jährige

in Begleitung ihrer Eltern ...

... versteht Frauen ...

... kann sich gleichzeitig bücken und

nach oben strecken ...

... kann länger unter Wasser leben als ein
Blauwal ...

... zahlt höhere Steuern und bekommt am
Ende mehr Netto ...

Oli Strohmaier

Stimmt es, dass du Äpfel mit Birnen vergleichen kannst?

Thomas Müller

Für mich ist Hans Sarpei der Erfinder des schwarzen Humors.

Sascha Jänski

Hans Sarpei droht Ratingagenturen mit Herabstufung.

Kai Volland

Hans Sarpei gewinnt mit der Viktoria die Champions League!

Wichtige Facts über Facts über Hans Sarpei: Was viele nicht zu fragen wagen

Speisen, die Hans Sarpei problemlos während des Autofahrens essen kann:

☞ Walnüsse

☞ Hummer

☞ Wassermelone

☞ Karpfen Müllerin Art

☞ Nr. 147, mit Garnelen, mit Stäbchen (scharf)

Der Saipirinha (die Schalke-Variante des Caipirinha) — never do this at home! Bitte nicht nachmachen!

Ein ½-Liter-Glas mit Crushed Ice füllen und anschließen abmessen:

- 2 cl Rum

- 2 cl Wodka

- 2 cl Cognac

- 2 cl Raki

- 2 cl Whiskey

- 2 cl Brandy

- 2 cl Ouzo

- 2 cl Slibowitz

- 2 cl Tequila

Das Ganze mit Kerosin auffüllen.

Den Cocktail gut rühren und mit einem Pfefferminzblatt verzieren.

Anschließend den Cocktail möglichst schnell zum nächsten Recyclinghof bringen und fachgerecht entsorgen lassen.

Pikante Details aus Hans' Privatleben

☛An seinem »Gartenteich« steht ein Warnschild: »Blauwale füttern verboten!«

☛Nach einer langen Auffahrt kommt zunächst ein Triumphbogen. Danach ein Tor – das mit einem Torwart besetzt ist.

☛Hans züchtet Yeti-Welpen.

☛Für Frei- und Strafstöße befinden sich in seinem Harem Elfmädchen.

☛Hans besitzt drei Schlafzimmer mit jeweils einem angeschlossenen Strafraum.

Die wichtigsten Unterschiede zwischen Hans Sarpei und Chuck Norris

☞ Hans Sarpei sieht nicht aus wie Homer Simpson.

☞ Es gibt Fotos, auf denen Hans Sarpei freundlich guckt.

☞ Chuck Norris hat eine Autogrammkarte von Hans Sarpei.

☞ »Hans« ist ein Vorname. »Chuck« ein Turnschuh.

Die größten Irrtümer über Hans Sarpei

☞ Ein Hans Sarpei kennt keinen Scherz.

☞ Hans enthält besonders viel Eisen.

☞ Hans Sarpei ist nur durch Primzahlen teilbar.

Drei Dinge, die ein Hans Sarpei in seinem Leben machen muss

☞ Ein Haus bauen

☞ Einen Sohn zeugen

☞ Einen Baumjohann verarschen.

Dinge, die Hans Sarpei gegen Frust unternimmt

☞ Berge versetzen

☞ Witze auf Facebook posten

☞ Stalkern den Müll mitgeben

☞ Fotos von Paparazzi machen

Das große Hans-Sarpei-Quiz: Wie gut kennst du Hans?

1. Hans hat einen zweiten Vornamen. Wie lautet dieser?

   a) Abu
   b) Abi
   c) Adu
   d) Abba

   (3 Punkte)

2. Vor seiner Karriere als Fußballprofi hat Hans eine Ausbildung begonnen, und zwar als:

   a) Elektroinstallateur
   b) Anlagenmechaniker
   c) Bankkaufmann
   d) Zahnarzthelfer

   (2 Punkte)

3. Das »L« steht bei Hans Sarpei für:

   a) Gefahr
   b) Lustig
   c) Linksaußen
   d) Rechtsaußen

   (1 Punkt)

4. Welcher Trainer holte Hans Sarpei von Bayer Lever-
   kusen zu Schalke?

   a) Ralf Rangnick
   b) Felix Magath
   c) Huub Stevens
   d) Michael Büskens

   (3 Punkte)

5. Alexander Baumjohann twitterte am 3. Juni 2011
   »Guten Morgen … gibt es was Neues auf Schalke?«
   Wie lautete Hans' verblüffende Antwort?

   a) Du fehlst mir so!
   b) Du sollst nach Wolfsburg!
   c) Grüße von deiner Frau!
   d) Hans Sarpei findet, du bist voll der Baumjohann.

   (1 Punkt)

Punktebewertung:

1 – 3 Punkte: Dir hilft nur eins: Lies dieses Buch noch mal genau durch. Hans Sarpei findet sonst, du bist voll der Baumjohann.

4 – 6 Punkte: Gar nicht übel. Für einen Hans-Sarpei-Anfänger-Fan.

7 – 9 Punkte: Klasse! Glückwunsch! Like! Du bist ein echter Experte. Hans Sarpei gefällt das.

Auflösung: 1. = c; 2. = b; 3. = a; 4. = b; 5. = b;

Abschluss-Zeugnis

Vor- und Zuname   Hans Adu Sarpei

geboren am   28. Juni 1976

hat die Abschlusssaison 2012 nach 9 Spielen mit
Erfolg abgelegt.

Leistungen in den einzelnen Fächern:

Relegationslehre	Sehr gut	Fan-Biologie /Chemie	HOT
Spiel-Ethik	Sehr gut	Spott	Pfff
Deutsch	Swag	Musik	Olé, olé, olé
Ballkunde	Leider Geil	Bildende Ballkunst	Sehr gut
Geschichten / Gemeinschaftskicken	Sehr, sehr gut	Social Media / Informatik	Gefällt mir
Englisch/ Grätschen	Very well	Ball-Technik	Sehr gut
Mathematik/ Chancen	100 %	Textiles Werken / Fummeln	Wilder Hans
Ballphysik	Perfekt rund	Gesamtnote und Durchschnitt der Gesamtleistungen	Hans-Sarpei-mäßig

Bemerkungen: Der stets freundliche Spieler Hans zeigte großes Interesse an Trainingseinheiten und beteiligte sich sehr engagiert an der Entwicklung von Torchancen. Hans war im hohen Maße fähig, übertragene Ballkontakte selbstständig zu bearbeiten. Er bereicherte stets den Spielverlauf durch eigene Ideen und neue Pässe zur Gewinnerzielung.

_____   _____
Leiter der Fankurve   Großer Chef

Worte über dieses Buch

»Hihi. Sarpei Lama!
Ich schmeiß mich weg!«

Seine Hoheit, der Dalai Lama

»Leider geil.«

Bratt Pitt

»Hans Sarpei hat mit diesem Buch den Fallrückzieher unter der Weltliteratur erfunden. Ich bin ganz verliebt.«

Markus Schleich-Schanitzki

»Hans schreibt so, wie ich Fußball spiele. Nur viel erfolgreicher.«

Ecke Heidenreich

»Mir wird ein bisschen blümerant.«

Superman

»Ohne ihn kann ich mich nicht
konzentrieren.«

Unbekannter Busfahrer, während der Fahrt

Die verrücktesten
Klagen der Welt

208 Seiten
Preis: 6,99 € (D) | 7,20 € (A)
ISBN: 978-3-86883-212-9

Axel Fröhlich

75 Millionen $ für
zu heißen Kaffee

Eine Amerikanerin verklagt die Fast-Food-Kette McDonald's auf 75 Millionen US-Dollar für zu heißen Kaffee, den sie sich über die Beine geschüttet hat. Eine Iranerin will sich aus ihrer Ehe frei klagen, weil ihr Mann so stinkt: dem Wahnsinn sind im Gericht scheinbar keine Grenzen gesetzt. Axel Fröhlich hat in diesem Buch einen bunten Strauß an Absurditäten zusammengetragen, der Pflichtlektüre an jedem juristischen Institut werden sollte.